Alexandre AIDINI Ilunga

Ce qu'il faut savoir de l'intercession et l'intercesseur

Alexandre AIDINI Ilunga

Ce qu'il faut savoir de l'intercession et l'intercesseur

Le guide de l'intercesseur et pour tout serviteur

Éditions Croix du Salut

Imprint

Cover image: www.ingimage.com

Publisher:
Éditions Croix du Salut
is a trademark of
Dodo Books Indian Ocean Ltd., member of the OmniScriptum S.R.L Publishing group
str. A.Russo 15, of. 61, Chisinau-2068, Republic of Moldova Europe
Printed at: see last page
ISBN: 978-613-7-36501-4

Epigraphe

Oui, je vous le déclare, c'est la vérité : celui qui croit en moi fera aussi les œuvres que je fais. Il en fera même de plus grandes, parce que je vais auprès du Père. Et je ferai tout ce que vous demanderez en mon nom, afin que le Fils manifeste la gloire du Père. Si vous me demandez quelque chose en mon nom, je le ferai. »

Evangile selon Jean 14, 12-14

Auteur
Alexandre AIDINI Ilunga

Aux serviteurs de Dieu, à l'Eglise, à chaque chrétien en particulier, aux équipes d'intercession, à mes enfants, à mon épouse et à moi-même pour marcher dans la puissance et l'onction en vue d'une réussite sans mesure dans la prière d'intercession,

Je dédie ce travail !

Auteur
Alexandre ADIDINI Ilunga

Avant-propos

L'intercession est une activité que j'ai eu à remplir durant toute ma vie et je ne suis pas prêt à l'abandonner. Vous pouvez donc me prendre comme modèle, lorsque je vous en donne des conseils. Être intercesseur est une activité que tout chrétien doit accomplir : prier pour son église, son pasteur et différents responsables de son église, s famille, son pays... il y en a trois que chaque chrétien doit faire sans appartenir au département qui le fait : l'évangélisation, l'intercession et le partenariat ou le soutien financier et matériel de l'œuvre de Dieu. Et ici, nous parlons de l'intercession qui est une activité importante dans la vie de l'Eglise. Sans intercession, c'est pourquoi nous avons aujourd'hui des gens qui attendent la chute des hommes de Dieu pour parler contre eux et faire la mauvaise propagande, au lieu e prier pour eux afin que le diable ne les touche pas. Un homme de Dieu est un homme que Dieu choisi pour son service. On peut donc attendre de lui toute forme de faiblesse humaine, ce n'est pas un ange de Dieu.

Faire bien les choses, c'est prier pour eux afin qu'ils ne tombent pas dans la ruse du diable. Vous devez savoir que ce sont des gens qui ont beaucoup de tentations d'argent, des femmes, de gloire, du diable, des sorciers... vous, les femmes, savez que vous avez un faible pour les hommes publics. Voilà ce qui les exposent. Parfois, ce sont les femmes qui vont vers eux et ils cèdent à la séduction. Il est facile qu'une femme résiste aux avances d'un homme mais très difficile à un homme de résister aux avances d'une femme. Voilà pourquoi il faut prier pour eux afin qu'ils tiennent bon dans le ministère. L'Eglise elle-même, connait beaucoup de problème et des attaques du diable. Il faut prier pour elle à différent niveau afin qu'elle puisse prospérer. En priant pour votre église et votre pasteur, vous vous protégez vous-même car il y aura la vie dans l'église et le pasteur donnera la vie et vous serez bien nourris et bien entretenue spirituellement. Cela fera que vous ayez un bon service spirituel. Car, on ne donne que ce qu'on a. si vous avez déjà laissé le diable agir en votre pasteur, il est donc dans l'église et c'est ce que vous recevez.

Prier pour ses proches est une sécurité pour vous-même : si les gens sont bénis au tour de vous, vous aurez moins de problèmes et si tout le monde autour de vous est rempli de l'Esprit, vous aurez moins de tentations du diable par vos proches. En lisant donc cet ouvrage, vous avez des outils pour faire une bonne intercession et une intercession efficace. L'efficacité de la prière se trouve dans les résultats qu'elle produit. Si vous priez pour ne rien voir, vous perdez votre temps. Mais si vous priez pour avoir des résultats, alors suivez les conseils qui vous sont présenté dans le présent ouvrage et vous aurez les réponses à vos intercessions. Et comme la prière, l'intercession est une activité qui ne cesse jamais, il faut juste adapter les sujets de l'intercession ou de la prière selon le besoin du jour. Dès que nous avons commencé à prier, nous devons continuer jusqu'à voir la réponse que nous cherchons. Dans le cas où il s'agit d'un sujet qui n'a pas de fin, nous devons donc y penser dans toute nos prières jusqu'à l'infini.

L'auteur
Alexandre AIDINI Ilunga

Remerciements

Au Dieu tout puissant qui nous a comblé de grâce et de vie et surtout du souffle qui nous a inspiré et conduit depuis notre enfance, et surtout depuis la naissance de notre ministère et la conscience du service spirituel que nous rendons jusqu'à ce jour où nous sommes en train de prendre des nouveaux airs de notre existence et des nouvelles responsabilités dans l'Eglise et aux yeux du monde. Dieu a toujours été là avant et pendant notre appel et notre croissance et sera toujours là afin que son onction nous serve de plus en plus dans le but de nous voir accomplir notre destinée et tout ce qui nous attend dans la vie face au monde. Nous ne pouvons ne pas le citer comme nous le devons, nous parlons de Dieu en tant que Père, le Seigneur Jésus-Christ notre Sauveur et le Saint-Esprit notre guide terrestre. Nos remercîments s'adressent à notre bien aimé Fabrice BUTA qui été utilisé par Dieu pour nous suggérer ce guide de l'intercesseur pour la formation de ceux qui doivent faire ce travail le fasse convenablement.

A mon épouse, Nicole ABERY Biatshini qui nous soutien toujours en acceptant le temps que nous prenons avec Dieu dans la parole, la prière et nos prestations dans l'Eglise sans se plaindre de notre absence et nous accompagnant partout même lorsque cela dépasse nos moyens, et même lorsque nous manquons, elle reste à côté de nous et nous porte même si nous savons qu'elle souffre intérieurement sans l'afficher pour que nous puissions rester disponible et puissions faire ce que nous devons faire comme il se doit. A nos enfants Zaō AIDINI Semeya, Zoe AIDINI Teras, et Chrisma AIDINI Baruk qui subissent les conséquences de notre consécration à Dieu en vue de donner des résultats que nous espérons. Même si nous nous efforçons de leur donner du temps nécessaire, mais il reste insuffisant par rapport à ce qu'ils veulent, très souvent lorsqu'ils viennent u bureau, nous les chassons pour garder la concentration. A tous les membres de nos familles qui sont présents toutes les fois où nous avons besoins d'eux dans ce que nous faisons.

Au pasteur Honorine AMANI qui nous soutient d'une manière inconditionnelle et démesuré elle et toute sa famille ainsi qu'à toute la Communauté Evangélique la Présence de Dieu qui a participé à notre vie d'une certaine manière avec son responsable le révérend Don Yves KISUKULU. A la Communauté Evangélique Parole de Vie que nous dirigions maintenant et à notre frère Stéphane MUBOYAYI Ilunga qui nous a toujours porté. A notre frère et pasteur Ricking ILUNGA Kabulo qui est avec nous maintenant et dont le soutien est immense dans le ministère et à Ruphin Ilunga Muke qui veille sur l'application de ces enseignements. Que tous ceux que nous n'avons pas cité et qui nous aiment et nous soutiennent trouvent ici l'expression de notre reconnaissance dans les efforts qu'ils fournissent afin que nous soyons ce que nous sommes et puissions réaliser ce que nous sommes en mesure de faire par la grâce de Dieu. Nous ne pouvons ne pas citer notre mère Marthe KAPINGA Muboyayi dont mots manque pour décrire l'importance de sa contribution dans notre vie et ministère, merci maman. Nos remercîments s'adressent aussi à notre papa ABERY Loko Jean qui se donne la peine de lire et de corriger nos textes et aussi à notre éditeur qui fait un travail de professionnel.

L'auteur
Alexandre AIDINI Ilunga

INTRODUCTION

Nombreux sont ceux qui vienne solliciter l'intercession parce que tourmenté par le diable, besoin de prière, augmenter sa vie de prière... plusieurs viennent avec des raisons que, malheureusement, nous nous excusons de vous décevoir, ne font pas partie de ce que nous pouvons utiliser comme argument pour devenir un membre de l'intercession. Qui est un intercesseur ? Que signifie l'intercession ? Et quel est le rôle que doit jouer un intercesseur dans l'Eglise, la famille et la société ? voilà des grandes questions auxquelles nous allons tenter de répondre au cours de ce travail pour permettre à chaque intercesseur de savoir, quelle que soit la raison qui l'a conduit à l'intercession, ce que doit être l'identité et la cause, mais aussi le but ou la fonction de l'intercession. Parfois, les gens voient que l'aspect jeunes et prières pour un intercesseur, ils ne voient pas aussi les avantages que peut avoir un intercesseur en tant que tel. Il n'y a pas que les sacrifices qu'il doit consentir, il a aussi des bénédictions qui sont attachées seulement à lui et pas à quelqu'un d'autre quel que soit le service qu'il rend.

Un intercesseur est plutôt quelqu'un qui se désavoue pour les autre mais dont la bénédiction ou le salaire est attaché à ce qu'il fait comme travail. C'est un travail important et indispensable à la vie de l'Eglise et du ministère, et même à la vie politique, sociale, économique... et quotidienne. C'est quelqu'un qui ne cherche pas à recevoir, mais à donner. Un intercesseur demande pour les autres, mais il ne cherche pas son intérêt et cela lui engendre beaucoup des grâces et des bénédictions. Il est comme le portier dans une entreprise ou l'agent de sécurité qui veille sur le bien être des employés lorsqu'il bénéficie aussi de cette même sécurité et reçoit aussi un salaire pour ce qu'il fait. Il est comme l'agent payeur de l'entreprise qui travaille pour que les autres aient un salaire, alors que son travail lui procure aussi un salaire. Il le fait pour les autres, mais en servant les autres, il se sert aussi lui-même. L'intercesseur ne cherche donc pas son intérêt mais celui des autres. Lorsque vous devez ou vous choisissez de devenir intercesseur, vous devez savoir que cela implique l'oublie de vous-même pour servir les autres.

Dieu cherche quelqu'un qui puisse prier, intercéder pour que sa main agisse puissamment. Nous y reviendrons. Dieu ne cherche pas ceux qui lui demandent, il y en a beaucoup et pourtant, certains le font mal et ne reçoivent pas. Mais Dieu cherche des intercesseurs parce qu'il n'y en a pas ou pas assez. La gloire de Dieu éclate et se manifeste toujours là où les gens prient sincèrement et veulent que les promesses de Dieu se réalisent dans leurs vies. Nous devons nous liguer contre le diable et contre nos problèmes pour réussir. C'est un peu ce que je vois faire mes enfants. Lorsqu'ils sont entre eux, ils se disputent des choses et se battent parfois l'un contre l'autre. Mais dès qu'il y a un enfant étranger de la famille à la maison, ils sont devenus saints et se liguent contre cet étranger. Tout ce qu'il fait se confronte au trois et dès qu'il y a un problème, c'est lui le fautif. Les trois se protègent en ce moment-là jusqu'à ce qu'il parte. Faisons-le avec l'Eglise et l'intercession et nous serons victorieux.

La Bible même nous dit ou nous recommande de prier les uns pour les autres. Voilà l'intercession qui commence. C'est de cette manière que nous pourrons vaincre les manœuvres du diable et parvenir à l'unit de l'Eglise. Si nous faisons la même chose contre nos problèmes, chacun aura la réponse à sa prière et nous serons plus fort. Divisé nous sommes faibles et unis, nous sommes fort. Voilà à quoi l'intercession doit nous mener pour arriver à la maturité à laquelle le Seigneur notre Dieu nous attend. L'intercession est un moyen efficace pour les victoires dont nous avons besoin. Car, il est un instrument que tout chrétien peut utiliser. Ce n'est pas seulement ceux qui font partie du groupe d'intercesseurs qui peuvent l'employer. Mais il est un travail de tous les croyants de Jésus-Christ. Mais nous allons ici vous outiller pour que vous sachez quoi faire dans chaque situation afin de pouvoir atteindre des cibles et d'objectifs assignés par votre intercession pour enfin trouver des solutions diverses à tout type de problème. L'intercession libère une grande autorité de Dieu dans l'Eglise puisqu'il est fait par plusieurs et aussi par ceux qui possèdent plus de puissance de Dieu que ceux qui sont dans le besoin. Si vous n'avez pas assez d'autorité spirituelle, votre problème peut être porté en prière par celui qui a une plus grande maturité spirituelle et cela vous conduit droit à l'exaucement. L'intercession est un passage obligé pour tous ceux qui servent Dieu dans un département ou un autre. Il faut être à mesure d'intercéder pour le service avant de l'exercer. Et l'intercession est un impératif pour tous ceux qui servent dans un quelconque service à l'Eglise.

GENERALITE SUR L'INTERCESSION

L'intercession se définit comme étant l'ensemble des prières que nous adressons à Dieu en faveur d'une ou des plusieurs personnes qui se trouvent dans des liens amers d'iniquité ou d'esclavage diaboliques. C'est une prière faite en faveur d'une autre personne que soi se retrouvant dans une situation difficile ! elle ne concerne pas seulement les personnes, mis aussi les institutions et les choses, les histoires, les sociétés, les activités... L'intercesseur est donc celui qui prie en faveur des autres. Intercéder, c'est se donner pour les autres comme les prophètes et le Christ l'ont fait. Nous y reviendrons. Un intercesseur, c'est quelqu'un qui s'oublie pour le bien des autres et de l'église. En agissant ainsi, Dieu fait de même pour vous, Il entre dans votre vie et s'intéresse à vos affaires sans que vous en parliez d'abord. Lorsque vous vous dérangez pour l'œuvre de Dieu, Dieu aussi se dérange pour votre vie. Intercéder, c'est donner du répit à Jésus car, c'est ce qu'Il fait depuis la résurrection et c'est participer à l'œuvre du Saint Esprit car, c'est ce qu'Il fait en étant en nous.

Objectifs de l'intercession :

- Soutenir l'église par les prières d'intercession. Une église ne peut vivre ni survivre sans que les gens se réunissent pour prier pour son avancement. Chaque membre de l'église doit se donner le devoir de prier pour le pasteur et pour son département et aussi pour toute la communauté. Laissé la charge au pasteur seul, c'est l'exposer à l'échec car il se fatiguera vite et ne sera pas tenir face à tous les combats. C'est par les prières de tous que les choses peuvent marcher et prendre de la vitesse.

- Former tous ceux qui s'engage dans l'église pour leurs intégrations et déterminer dans quel département peuvent-ils servir en tant que membre serviteur ou ouvrier avec Christ pour l'avancement de l'œuvre. Leurs faire comprendre la valeur de ce qu'ils vont faire en commençant par prier en intercédant pour l'église avant de servir vraiment. Inculquer la pensée de la prière et de l'intercession dans le chef de tous les serviteurs et ouvrier de l'église et même les membres qui souhaite s'engager à l'église peuvent l'apprendre à l'intercession même s'ils veulent poursuivre leurs vies dans l'église sans service particulier, bien que nous encouragions tout le monde à servir Dieu d'une manière ou d'une autre.

- Gagner les âmes à Christ par le moyen de l'intercession en les libérant spirituellement pour qu'ils puissent écouter le message de la bonne nouvelle du salut. La disposition à écouter la parole et à venir dans votre église et surtout d'y rester est fonction de la consécration dans la prière. Les types des prières que vous faites déterminent quels types des gens viendront à vos programmes d'après vos sorties évangéliques.

- Mobiliser toute la communauté et l'église à l'intercession. Nous devons arriver à entrainer toute l'église à la prière et à prier pour l'œuvre et pour le pasteur qui a besoin de beaucoup de soutiens dans la prière. Mais chaque responsable et chaque serviteur et ouvrier a aussi besoin que l'on prie pour lui et cela ne doit pas être la charge du pasteur seul, il ne saura pas le porter en tant qu'homme, il doit être soutenu par l'assemblée entière.

- Organiser le partenariat d'intercession pour soutenir l'œuvre de Dieu. Il y a des gens qui sont disponible pour faire des retraites et prières pour l'église et prendre du temps pour prier pour toute la vie de l'église. Il y a des gens disponibles pour suivre tous ceux qui sont en difficulté à l'hôpital, dans le deuil… mais il leur faut les moyens des déplacements, des nourritures, de quoi leur permettre d'accomplir leurs missions. Car la plupart de ces gens disposé sont aux études ou au chômage, ce qui rend leurs finances dépendant des leurs parent. Pour l'église, il faut qu'il soit financé pour faire le travail dont ils sentent l'appel de Dieu.

Il est important de toujours savoir les objectifs que l'on poursuit dans ce que l'on fait, sinon cela devient un passe-temps. Tout ce qui ne poursuit est une perte de temps. Je ne vous conseille pas de vous engager dans ce dont vous ignorez les objectifs dans l'organisation et je vous déconseille aussi de vous impliquer dans ce que vous ignorez les retombés. Qu'est-ce que cela va faire, ça produit quoi dans le quotidien de l'organisation et qu'est-ce que cela m'apporte-t-il ? il est important de savoir la réponse à chacune de ces questions. Dès à présent, vous devez toujours vous posez ces genres de questions. Je vais gagner quoi à le faire ? vous ne pouvez pas faire quelque chose pour n'avoir rien en retour. Parfois, c'est seulement le plaisir de voir les gens se réjouir de votre service, la joie de voir que les gens sont heureux à cause de ce que vous faites pour eux. La récompense ne doit pas toujours être matérielle ou financière. Elle peut-être aussi morale ou psychologique, spirituelle. Mais vous devez gagner quelque chose dans tous les cas.

Origine de l'Intercession

Le tout premier à avoir intercéder, c'est Abraham qui aurait prié pour son frère et neveu Lot qui se trouvait à Sodome et que Dieu allait détruire. Vous voyez que prier pour le salut des membres de votre famille est capital. ***Genèse 18, 17-33***. Vous pouvez donc, en tant que responsable, prier pour ceux qui viennent après vous et en tant que patriarche, pour vos descendants qui suivront votre vision et en tant que chef du département, pour vos membres et en tant qu'intercesseur et prophète, pour ceux sur qui Dieu vous parle. Tout chrétien est un intercesseur implicite ou explicite. La main de l'Eternel n'est pas courte pour sauver, ni Son oreille trop dure pour entendre. Mais ce sont nos crimes qui mettent une séparation entre Dieu et nous ; ce sont nos péchés qui nous cachent sa face et l'empêchent de nous écouter. ***Esaïe 59, 1s.*** l'intercession a donc commencé avec les prophètes qui écoutaient Dieu pour le peuple et qui se trouvait dans l'obligation de prier Dieu pour qu'il se détourne de son dessein de faire du mal. ***Amos 7, 1-6.***

Le second à avoir intercédé, c'est Moïse qui devint se tenir entre Dieu et le peuple pour supplier Dieu de faire du bien et non du mal. Je me rappelle que je suis devenu intercesseur, parce que j'écoutais Dieu me parler sur les gens et je me trouvais dans l'obligation de prier pour eux à cause de ce que je recevais de Dieu pour leurs vies. ***Exode 32, 9-14. 26-35.*** Un intercesseur, c'est quelqu'un qui sait apaiser la colère de Dieu. Les faux prophètes d'aujourd'hui, nous les voyons vouloir le malheur et ce qu'ils annoncent s'accomplir à tout prix, même au prix des vies des gens qu'ils conduisent comme Jonas. Les anciens prophètes eux, prenaient le soin d'intercéder auprès de Dieu pour qu'Il puisse revoir ses positions. Un intercesseur est quelqu'un qui se met à écouter Dieu à force de Lui parler pour les autres, Dieu lui répond pour leurs envoyer des messages. Lorsque vous priez pour quelqu'un ou pour une église, Dieu vous parle dans le cas où il y a des problèmes à régler. Vous devez donc être attentif en faisant l'intercession.

Dieu Lui -même a besoin qu'il y ait un homme qui prie et qui se tienne à la brèche pour l'empêcher de détruire. La colère fait faire des choses aux gens, même à Dieu. D'où, nous avons tous besoin de quelqu'un qui nous arrête dans le mal que nous voulons faire, Dieu aussi a besoin de quelqu'un comme ça. Avant d'agir Dieu observe s'il y aurait quelqu'un pour élever la voix en prière et en intercession pour le pousser à agir ou l'arrêter dans ce qu'Il veut faire. C'est Dieu Lui-même qui cherche un homme qui le fasse. Voilà encore ce qui a renforcé l'intercession et qui l'a créé pour d'autre. *L'Eternel dit : " Je vois qu'il n'y a pas un homme. Je m'étonne de ce que personne n'intercède ; alors son bras lui vient en aide. Et la justice lui sert d'appui "* ***Esaïe 59 : 15-18.*** Nous bénissons Dieu parce que tu n'es pas concerné par ce passage, nous croyons que Dieu a cherché un homme et t'a trouvé, toi. Tu es donc devenu intercesseur pour veiller à ce que la vie de l'église, la vie du pasteur et de sa famille, la vie de ses collaborateurs et de tous les responsables et même de tous les membres de l'église aient de la lumière et la bénédiction.

C'est Dieu qui institue l'intercession car il veut qu'il y ait quelqu'un qui Lui dise : ne fais pas ça mais fais ceci. Quelqu'un qui l'arrête ! Il présente même les choses comme une activité dans laquelle Il participe Lui-même. Lorsqu'on fait l'intercession, on travaille avec Dieu Lui-même et Il y participe et le fait avec nous. ***Esaïe 1, 18-20.*** Dieu fait l'intercession depuis la nuit des temps et continue de le faire, Il ne s'arrête pas de prier pour les hommes qu'Il aime. Nous voyons Jésus le faire aussi avant de quitter la terre, dans ***Jean 17, 1ss.*** Il consacre tout un chapitre de Sa vie terrestre à prier Dieu pour les siens qu'Il va laisser dans le monde et la mission qu'il leur confie. Il sait que les choses sont difficiles ici-bas, alors qu'il commence par prier pour nous afin que nous soyons soutenus et puissions réussir dans cette affaire. Et nous le voyons partir et rester à la droite du Père dans le But de continuer à intercéder pour nous qui sommes restés sur terre. Nous voyons aussi le Sint Esprit faire la même chose pour nous alors qu'Il est délégué de rester avec nous et de nous soutenir dans cette affaire du ministère et de l'Eglise dans le monde. *Romains 8, 26s.* l'intercession est donc une affaire de Dieu dans Sa totalité et nous avons le privilège d'y participer alors que nous sommes des hommes, quelle bénédiction !

C'est donc Dieu Lui-même qui est à l'origine de l'intercession, qui l'a voulu et souhaité, et qui a appelé les gens à le faire. Il a bien commencé avec les prophètes, puis les sacrificateurs. Ce qui veut-dire que c'est un travail que Dieu a d'abord donné aux hommes-de-Dieu qui étaient supposé représenter le peuple devant Dieu et représenter Dieu devant le peuple. C'est seulement plus tard que l'intercession va s'ouvrir à tout le monde. Vous verrez que Daniel qui va prier ou faire une prière d'intercession pour sa nation d'Israël était quelqu'un qu'on estime comme prophète et qui s'est retrouvé dans des circonstances et situations où il pouvait parler au nom de son peuple qui était en captivité, bien que d'autres aussi étaient avec lui. C'est ainsi que Dieu va se rappeler de l'échéance de la captivité et ramener Israël par Néhémie et Esdras sur ses terres natal. Depuis lors, tous ceux qui se livrent à l'intercession deviennent des gens spéciaux qui échangent avec Dieu librement, qui peuvent Lui parler et L'écouter.

L'intercession est l'action d'intercéder

Intercéder veut dire plaider comme un avocat au tribunal ou parler en faveur de quelqu'un auprès d'une autre personne. C'est intervenir auprès de cette dernière pour solliciter quelque chose au profit du premier. Dans le cadre spirituel, l'intercession consiste à solliciter l'intervention de Dieu en faveur d'une personne donnée (physique ou morale) et qui est dans le besoin. La personne qui intercède en faveur d'une autre personne auprès de Dieu est appelée intercesseur. Cette intervention se fait au moyen de la prière. L'intercesseur joue un rôle d'intermédiaire entre Dieu et les hommes. Il saisit les besoins des hommes et les transmet à Dieu et reçoit les réponses de Dieu et les communique aux hommes. Exactement comme le fait Jésus. Il fait donc le même travail que le Christ. En ceci trouve donc le vrai sens de « prier au nom de Jésus ». C'est-à-dire, en lieu et place du Fils de Dieu qui se tient à Sa droite. ***Romains 8, 34 ; Hébreu 7, 25 ; 1Jean 2, 1.***

Mais ce n'est pas seulement le Christ qui prie pour nous, mais aussi le Saint Esprit qui intercède pour nous. Il est le garant de notre exaucement car c'est Lui qui fait parvenir nos prières à Dieu. D'où le véritable sens de « prier avec le Saint Esprit ». ***Romains 8, 26***$_{s}$***.*** en étant intercesseur, on fait donc le travail de Jésus Christ et celui du Sint Esprit. C'est donc un métier noble, une fonction importante à l'Eglise et un service béni du point de vue spirituel puisqu'il appartient à Dieu d'intercéder et Il vous laisse le faire, c'est même un privilège, une grâce, dans le langage courant. L'intercession diffère d'une requête personnelle que l'on adresse auprès de Dieu car dans ce dernier cas la prière est faite au bénéfice de soi-même. Dans l'intercession, on s'oublie, on peut avoir le même problème, mais on l'oublie au profit de l'autre devant Dieu. C'est donc action Divine qu'un homme se met à exécuter avec la permission de Dieu. Lorsque nous sommes en intercession, c'est comme si nous nous livrons nous-même pour le salut des autres, de l'Eglise, du pasteur, des membres de nos famille... comme Jésus l'a fait nous le monde. C'est ce que la Bile nous recommande.

Activités de l'intercession

Les groupes d'intercession et les départements d'intercession sont appelés à organiser plusieurs activités pour bien fonctionner et accomplir leurs missions. Il y a plusieurs qui se retrouvent à l'intercession sans vraiment savoir ce qu'ils y font et d'autres en détournent les objectifs pour s'en fixer leurs propres lignes de conduite et finalité. Les attentes doivent être les résultats de la bénédiction qui est attaché à ce que l'on fait, et non la priorité. Très souvent, nous pensons que l'intercession n'a qu'à prier et à jeuner. Cela fait partie des activités de l'intercession, mais ce n'est pas tout ce qu'il faut pour faire fonctionner un département d'intercession. Nous avons besoin de plus. Nous allons citer quelques-uns en donnant brièvement les raisons pour lesquelles nous les plaçons ici. Et les activités de l'intercession ne doivent pas seulement être pris en compte pour le travail mais aussi pour la vie et le développement de chaque membre de l'intercession. Si les membres ne sont pas bien entretenus, on risque de travailler beaucoup et perdre l'efficacité à un certain moment. D'où la nécessité de certaines activités qui visent le bien-être et l'encadrement de l'intercesseur.

- Formation, recyclage, conférence, retraites : ces activités visent à former et à reformer les intercesseurs et à leurs permettre de se ressourcer pour poursuivre le travail avec efficacité. A force de le faire, certains choses deviennent automatiques et d'autres sont négligés, voir oubliés. Il faut donc veiller constamment sur les membres du groupe afin qu'ils continuent de grandir dans ce qu'ils font. Mais aussi, ils permettent de préparer les nouveaux membres au travail qui les attend.

- Journées de réflexion sur l'intercession et l'intercesseur : ces temps sont importants en ce qu'ils permettent de penser aux nouvelles stratégies à mettre en place pour aborder certains sujets sensibles pour mettre en sécurité et en confiance ceux qui nous présentent ces sujets et pouvoir travailler plus, mais aussi penser au problème de l'intercesseur et voir comment y remédier afin qu'il continue son travail.

- Veillées, nuits et journées de prière : ce ne sont pas des temps que l'ont peu avoir régulièrement, mais pour permettre à ceux qui travaillent, qui étudient et qui sont occupés d'une manière ou d'une autre de maximiser dans l'œuvre et pour emmagasiner de l'énergie pour le travail d'intercession de routine.

- Séances d'intercession pour les activités de l'église : ce sont les programmes que nous avons hebdomadairement pour soutenir l'Eglise en prière et permettre à notre département de fonctionner. Nous regardons ici, tous les serviteurs et ouvriers de l'église comme intercesseurs. Quel que soit le département dans lequel vous servez, vous devez prendre part aux réunions hebdomadaires d'intercession et y participer activement.

- Récolte et diffusion des sujets de prière : nous ne devons pas prier en l'air, nous devons avoir des sujets précis des gens que nous recommandons à Dieu dans nos prières. Nous devons donc avoir des sujets permanents que nous utilisons de manière générale, mais nous devons aussi nous focaliser sur les problèmes que les gens posent au pasteur et à l'église.

- Chaudières : Pendant les cultes il y a des intercesseurs qui sont à l'écart pour soutenir le culte ou faire ce que nous appelons la chaudière. Ils prient pour le culte et pour tout ce qui ne marche pas sur le moment, mais aussi pour qu'il y ait des miracles et des prodiges. Bref, que Dieu se manifeste et agisse.

- Chaine de prière : pour allumer un feu permanent dans l'église, il est conseillé de faire des chaines de prière, où il y a au moins une personne qui prie quelque part durant au moins une heure et ceci peut se faire durant les heures du jour comme de la nuit afin qu'il y ait des gens qui prient sans cesse, soit réuni en deux ou trois, soit chacun de son côté mais qui respectent ce moment en prière. Et ce, surtout si nous avons une grande activité à l'église, on peut la soutenir de cette manière.

- Offrande du soir : ce sont des moments de prière que nous adressons à Dieu le soir. C'est-à-dire, après chaque culte, après chaque activité, nous nous retrouvons avec les serviteurs et les intercesseurs, tous les ouvriers et nous remercions Dieu pour la réussite de l'activité que nous avons eu et nous clôturons les séances de travail et recevons aussi les instructions pour le travail du jour suivant.

- Grand rassemblement : à un moment donné, après une longue période de travail, surtout si nous travaillons dans les groupes repartis en sous-groupes d'intercession, nous devons nous retrouver tous ensemble, soit une fois tous les mois, soit une fois dans un trimestre… où nous travaillons ensemble et recevons les programmes pour la nouvelle période et aussi la ligne de conduite. Mais c'est aussi un moment de recueillement et de renouvellement de l'Esprit en nous pour une nouvelle force dans le service.

QUALITES ET STATUT D'UN INTERCESSEUR

Dans chaque chose, il faut des critères de sélection pour parler d'un choix ou d'un tri. Lorsque vous voulez former une équipe d'intercession, vous devez vous assurez que les critères sont bien respectés pour suivre et former une équipe avec des bons membres qui savent ce qu'ils font vraiment dans ce travail. Chaque entreprise sérieuse doit s'assurer qu'elle emploi des bonnes personnes ou qu'elle prend aussi soin de les former afin qu'elles soient meilleures. Des temps à temps, des renforcements de capacité ne sont pas à exclure ou de remise à niveau ou encore d'autres formes de formations continues. Il est important de savoir avec qui on travaille, qu'est-ce qu'il fait et quels sont ses limites ? Les critères suivants sont donc requis pour être un bon intercesseur :

- Être né de nouveau ***Jean 3, 3-8.*** Cette expérience est une chose importante pour être en relation avec Dieu. Vous ne pouvez pas prétendre parler à Dieu pour les autres alors que vous n'avez aucune relation avec ce Dieu à qui vous devez parler en faveur des autres. On ne peut parler pour les autres qu'à quelqu'un avec qui vous avez une relation. La relation du créateur et du créé ne suffit pas pour cette affaire, il faut avoir un lien parental qui né de la foi et qui vous donne accès à Dieu de manière particulière. Vous devez donc croire en la parole de Dieu en la manière de bonne nouvelle du Salut de Jésus-Christ pour pouvoir travailler avec Dieu dans l'intercession. Dans le cas contraire, votre intercession est nulle.

- Avoir suivi les enseignements des disciples à la Communauté Evangélique Parole de Vie et ce, même si vous avez déjà suivi les affermissements ailleurs. Parce que nous voulons que chaque intercesseur, mais aussi chaque serviteur et ouvrier qui s'engage dans la communauté soit à mesure de voir et de parler, de penser comme nous le faisons en rapport avec la connaissance de la parole de Dieu. Nous nous donnons la peine d'étudier et de former ceux qui s'attache à nous parce que nous tenons à faire asseoir un bon système fondé sur le respect de la parole de Dieu. Car, c'est ce qui fait de nous des hommes et des femmes spirituels et c'est ce qui nous permet d'être conduit par l'Esprit. Nous devons donc savoir parler de la parole de Dieu de la même manière et de la mettre surtout en pratique. Or, nous ne pouvons pas mettre en pratique ce que nous ignorons. Voilà pourquoi nous attachons une grande importance à la formation du peuple de Dieu afin que chacun soit capable d'écouter Dieu le guider. Et l'intercession est la clé, le point de départ pour chaque service que l'on veut accomplir au sein de la communauté. Pour servir Dieu, vous devez d'abord apprendre à vous soucier de l'œuvre de Dieu et à prier pour elle. ***Matthieu 28, 18-20.***

- Être consacré à Dieu et vivre sous la dépendance de l'Esprit Saint. ***Zacharie 4, 6 ; Romains 8, 9 ; Luc 14, 26-33 ; 9, 23 ; Matthieu 10, 32-39 ; 16, 24-28.*** Ce critère est très important pour l'intercession et l'intercesseur. Si vous n'êtes pas consacré à Dieu, vous n'allez pas réussir à l'intercession. Vous devez arriver à vous oublier vous-même pour les autres devant Dieu. Et si la consécration fait défaut, alors, ce sera compliqué pour vous de vaquer à l'intercession. C'est justement la formation et la consécration qui vous permettent de vivre et de faire selon l'Esprit et par l'Esprit de Dieu. Pour l'intercesseur et chaque membre du corps du Christ et des serviteurs et ouvrier pour Dieu, il faut commencer par Lui appartenir par la foi et l'enseignement de Sa parole, ainsi que par la présence de son

Esprit en vous. Il faut arriver à renoncer à soi-même pour servir Dieu dans l'intercession et dans n'importe quel autre service. Sans la consécration, il est impossible de faire ce travail. Vous devez arriver à renoncer à vous-même et à tous ceux qui vous sont chers et aussi à tout ce qui vous tinet à cœur pour pouvoir servir Dieu. Dieu doit passer avant tout et tous pour vous. C'est lors que vous réussirez. C'est de cette manière que nous devons perdre notre vie pour le Seigneur en vue de la conserver avec Lui. Mais si nous le refusons pour garder notre vie, nous perdrons tout. En agissant ainsi, alors nous verrons le règne de Jésus Christ dans nos vies.

- Vivre dans l'intimité de Dieu. ***Matthieu 26, 36-41.*** Vous devez donc aussi à être intime avec Dieu et rester avec Lui lorsque les choses vont mal pour Lui. C'est-à-dire que vous devez vous consacrer à Dieu lors que l'œuvre de Dieu ne marche pas comme il se doit et se soucier profondément de ce qui ne marche pas à l'Eglise ou à l'église en vue d'y trouver des solutions et faire tout ce qui est à votre pouvoir. En d'autres termes, vous devez travailler d'arrache-pied pour que l'œuvre de Dieu prospère. Vous devez donc toujours fatiguer votre corps et votre chair afin que l'esprit soit fortifié et produise comme il se doit. Et surtout qu'il soit bien disposé à marcher avec Dieu en tout moment et circonstance. Attachez-vous donc à Dieu d'une certaine manière et ayez du temps seul à seul avec Dieu pour grandir et accomplir votre travail comme il se doit. Pour parler à Dieu des autres, vous devez être très attaché à Lui et dans son secret afin qu'Il vous fasse participer à tout et partage tout avec vous, en tout cas, tout ce qui se fait autour de vous.

- Être travailleur et toujours disponible. ***Jean 5, 17 ; 7, 6 ; 9, 4.*** Vous devez être un travailleur assidu et qui ne se relâche point. Le travail de Dieu ne connait pas de repos. Pendant que vous vous reposez, le diable continue d'avancer et risque de vous surprendre. C'est pourquoi Jésus lui-même ne prenait ni repos ni du repris ni même du relâche même le jour du sabbat. Nous avons toujours le temps pour tout faire, pour servir Dieu et prier en Lui adressant d'intercession pour l'église, le pasteur et tout ce qui concerne nos sujets de prière. Notre modèle Jésus savait même que le jour est donne pour le travail et qu'il ne fallait pas donner au diable l'occasion de nous dépasser. Car il y aura un temps où nous ne travaillerons pas. Il faut donc profiter du temps qui nous est accordé pour accomplir le plus de travail possible que nous puissions rendre. Soyons donc toujours en train de travailler et nous parviendrons à la réussite avec Dieu.

- Être humble et se considérer comme un serviteur inutile. ***Luc 17, 10 ; 1Pierre 5, 5-10.*** Être humble est un critère important et désintéressé. Car, dans l'exercice de vos services d'intercession, vous serez confronté à des multiples témoignages. Et si vous vous y attachez trop, vous risquez de devenir orgueilleux et croire que c'est vous qui faites quelque chose d'important, ce qui va vous créer de problème avec Dieu et qui va nuire à votre travail. Vous risquerez de ne plus avoir des résultats alors que vous présentez les cas des autres auprès de Dieu. Ce qui sera catastrophique. Il faut toujours se dire que nous n'avons fait que notre travail sans chercher la reconnaissance ni la gratitude. Même si on ne vous cite même pas, sachez que votre travail est voué au secret et à l'anonymat. Un intercesseur c'est quelqu'un qui fait un grand travail et qui emmène toute l'église à la réussite mais dont on ne connait pas le nom ni le visage. On ne vous voit pas faire et on n'a pas besoin de vous savoir travailler. Tout ce dont vous avez besoin de savoir, c'est que Dieu vous voit et sait ce que vous faites. Revêtez-vous d'humilité et soyez sobre. Travaillez tout en sachant que vous ne cherchez pas l'approbation d'un homme, mais de Dieu.

- Être maître de son corps, animé par le souci que donne les églises et ne point chercher les récompenses car c'est Dieu qui rémunère. ***1Corinthiens 9, 13-27 ; 2Corinthiens 11, 27-31.*** Un intercesseur est un ministre dont le service est la prière. Il n'est pas prédicateur, ni guérisseur, ni visiteur, ni faiseur de don socio-économique... mais il est un serveur de la prière. Son service, c'est la prière. Tout ce qu'il offre, c'est la prière d'intercession. Il doit le faire en dépit de tout ce que cela fait à son corps en empêchant son corps de lui résister dans l'œuvre qu'il accompli. Il doit donc dominer son corps et le soumettre aux exigences de son travail. Lorsque vous vous mettez à servir Dieu, vous devez vous disposer à traiter durement votre corps en le soumettant à des jeunes, des manques de sommeil, des fatigues multiples, à la faim, à la soif, à la chaleur, au froid, aux ténèbres... vous devez donc avoir la maîtrise sur votre corps pour qu'il ne vous soit point en obstacle au travail que vous faites. Où Paul parle de l'annonce de l'Evangile, nous devons mettre le service que nous rendons à Dieu au travers de l'Eglise : soit la prédication, l'intercession, le protocole, la chorale... l'intercesseur doit apprendre à partager et à participer à la douleur et au souci de l'église et de ceux pour qui il ou elle prie, comme si c'était son propre problème, sa propre vie. Pour un ministre de Dieu, ministre veut-dire serviteur et ministère service. Ministre de Dieu signifie serviteur de Dieu. C'est aussi simple que ça. Le ministère passe avant tout et bien avant sa propre vie. Même s'il faut mourir pour la cause de Dieu, soyez prêt à mourir. C'est en ce moment-là que Dieu vous sauvera. Même s'Il ne vus sauve pas, mourrez quand même pour Lui et pour le ministère. Il faut jeûner, prier, veiller, travailler sans boire ni manger, passer nuit par terre et dehors... pour avoir l'intervention de Dieu dans la vie des autres et de l'église, pas pour soi-même.

- Ne pas négliger l'œuvre de Dieu et le faire avec détermination et zèle. ***Jérémie 48,10 ; Romains 12, 11.*** La négligence est destructrice du travail. Vous croyez faire alors que vous ne faites rien. Il vaudrait mieux vous retirer et démissionner. Comme ça Dieu et Satan prennent note de votre retrait. Mais lorsque vous servez le Seigneur, vous devez être fervent d'esprit et zélé. Vous ne devez pas manifester de la paraisse ou de la négligence. On doit savoir et sentir que vous êtes là et que vous servez le Seigneur sans regarder à aucune autre personne et que vous n'attendez rien ni personne pour servir Dieu. Vous ne demandez même pas l'autorisation. Lorsque vous voyez que quelque chose n'est pas fait par celui qui devait le faire, vous vous lancez dans le travail. Vous trouvez que la salle n'a pas été aménagé, vous le faites et vous essuyez les chaises et faite la mise en place et commencez la prière. Et l'intercesseur est un individu ponctuel qui n'est jamais en retard mais qui peut être là avant le temps ou avant l'heure. L'intercesseur est un individu disponible qui n'est pas pressé de partir en quittant le lieu du travail. L'intercesseur doit faire un effort pour arriver avant tout le monde et quitter après tout le monde, c'est l'autorité spirituelle du lieu qu'il gère en agissant ainsi. Si vous laissez un sorcier ou un occultiste être là avant tout le monde et après tout le monde, imaginez ce qu'il peut faire. En ceci nous aurons la preuve de l'absence de négligence chez l'intercesseur ou le serviteur de Dieu et le sérieux avec lequel il accompli ses tâches se démontre aussi dans la ponctualité et la disponibilité.

- Être un bon conducteur de la prière et de l'intercession ou même un bon modérateur. Chaque intercesseur doit avoir une vie de prière particulière et personnelle. En cela il puise la force pour conduire la prière du groupe ou du culte. Il ne doit pas être en train de beaucoup parler, mais de donner les sujets et prier lui-même. La motivation pour les autres dans la prière qu'il dirige se manifeste dans le fait qu'il puisse lui-même prier et dégager une énergie spirituelle dans ses prières. Mais aussi dans le fait de parler de temps à autre, un peu seulement pour pousser ceux qui sont fatigué dans la prière afin qu'ils reprennent la marche. Mais il doit éviter de beaucoup parler et de le faire inutilement. Il dit plutôt apprendre à déclarer beaucoup des textes bibliques durant la prière pour donner des arguments à ceux qui en manquent dans la prière. Pousser les gens à prier c'est voir une vie de prière personnelle qui vous donne l'onction de la prière et savoir prier vous-même pour les sujets que vous donnez à l'assemblée. Vous pouvez beaucoup parler mais si l'onction manque, les gens ne prieront point. Mais avec l'onction de la prière, vous parlez peu et les gens prient beaucoup.

Fonctions de l'intercesseur

- L'intercesseur se tient à la brèche devant l'Eternel pour plaider en faveur du coupable. ***Ezéchiel 22, 30.*** Il est question de la personne qui a vraiment commis des méfaits envers Dieu et qui est sanctionnés. Dns ce cas précis, il est plutôt question d'empêcher l'accès à l'ennemi alors qu'il y a des brèches qui ont été créés par le fautif. L'intercesseur doit tout faire pour que Dieu use de grâce et bloque le passage à l'ennemi afin de préserver la vie de ceux qui sont dans l'enclos du mur. Précisément ici, l'ennemi, c'est Dieu Lui-même. Mais il faut parvenir à l'arrêter dans sa colère. Car la brèche ici représente le péché contre la loi de Dieu qui ouvre la porte à des malédictions qui détruisent la vie et la paix, la prospérité dans les affaires et le travail ainsi que la santé. L'intercesseur doit donc se tenir devant Dieu pour l'empêcher de faire du mal et de Lui rappeler l'amour et le pardon.

- L'intercesseur rappelle à Dieu sa miséricorde et sa grâce en faveur des hommes. ***Nombres 14, 11-23.*** Dieu oublie vraiment selon les circonstances. Il a besoin qu'on Lui rappelle ce qui est juste. Ceci ne peut être fait par celui qui a fait le mal mais par un autre que Dieu puisse écouter, un intercesseur. Tout homme serait satisfait de ce que Dieu partirait de lui pour commencer une nouvelle nation. Mais l'intercesseur ne cherche pas son intérêt mais celui de la communauté. Alors Moïse dit stoppe à Dieu malgré cette bonne promesse. Il montre à Dieu que ce n'est pas au peuple qu'il fait du mal mais à Lui-même parce que tous savent qu'IL est bien présent au milieu d'eux et qu'Il se rend même physique. Il perdrait donc la déférence qu'Il obtient du monde s'Il le faisait. Ils ne sauraient pas le péché du peuple, mais ils verraient ton incapacité à le guider jusqu'en Canaan. Ensuite Moïse rappelle à Dieu sa parole en ce qui concerne la miséricorde et la grâce, l'amour et le pardon mais aussi la justice. Et là, il intercède en disant pardonne ! cette fois, Dieu use de justice, Il punit les coupables tout en laissant le temps aux innocents de poursuivre le voyage, il a même créé une nouvelle génération afin que les épargnés puisse y arriver. Mais Il n'extermine pas tout le monde et conserve ainsi Sa gloire. L'intercesseur doit donc connaître Dieu et savoir Lui parler.

- L'intercesseur sollicite la clémence de Dieu là où sa justice était prête à s'exécuter. ***Genèse 18, 17-33.*** Même lorsque la justice doit agir, l'intercesseur doit être en mesure de détourner Dieu. Même dans la justice de Dieu, on peut Le guider à épargner les innocents ou ceux qu'on souhaite sauver. Car, Lot n'était pas juste, mais la justice d'Abraham l'a sauvé. C'est pourquoi, un intercesseur doit tout faire pour être l'ami de Dieu afin de jouir de certains privilèges dans le secret de Dieu et dans la prière. Le travail qu'il fait ou le ministère qu'il exerce exige à ce que l'intercesseur soit le plus proche de Dieu possible. Il dit entrer dans l'amitié et l'intimité de Dieu pour que Dieu ne lui cache rien et lui parle librement. Il faut que Dieu parvienne à te faire confiance par ta conduite et la manière dont tu t'approches de Lui. Fais-toi ami de Dieu comme Abraham et tu accéderas à des choses et informations capitales pour l'exercice de ton ministère.

- L'intercesseur rappelle à Dieu ses promesses en faveur des hommes. ***Exodes 32, 7-14. 25-29.*** Prier et parler à Dieu relève aussi de la connaissance des promesses que Dieu a faites aux hommes. Car cela peut constituer d'arguments pour la prière. Si la personne pour qui vous priez n'a d'alliance particulière avec Dieu pour que vous puissiez le présenter comme argument, comment prierez-vous si vus ne connaissez pas les promesses de tout le monde ?! Il faut donc connaître aussi les alliances des pères avec Dieu, connaitre les alliances de votre pasteur avec Dieu et les alliances de votre église avec Dieu. Quelles sont les promesses que Dieu a fait à votre pasteur, à l'église et aux pères du pasteur avant, ceux qui l'ont précédé. Ce sont les arguments qui peuvent vous aider à sauver ceux qui sont perdu dans leurs relation avec Dieu. Lorsque l'intercesseur doit rendre service, il doit arriver à laisser son enfant malade, son frère en difficulté et aller travailler. Il peut prier pour sa famille comme il le fait avec tout le reste. C'est son travail d'intercesseur mais il ne peut s'absenter du travail parce qu'il s'occupe d'un enfant et d'un frère. C'est ainsi qu'il leurs sauver la vie. Sinon, il les perdrait tous. Voilà où se cache la bénédiction pour le serviteur de Dieu, dans le service.

- L'intercesseur porte les fardeaux des autres auprès de Dieu comme si ces derniers étaient les siens et tout en s'oubliant lui-même. Il se sacrifie au profit des autres. ***Exodes 32, 30-35 ; Luc 14, 26s ; Matthieu 10, 39 ; 16, 24s ; Daniel 9,1-6 Esther 4, 16.*** Lorsque vous devez prier pour quelqu'un, ceux qui sont au tour de vous doivent croire que vous priez pour vous-même à cause de la concentration et du dévouement avec lesquels vous priez. Moïse pria jusqu'à demander que son nom soit effacé du livre de vie. Mais Dieu l'écouta et pardonna au peuple comme Il peut donner ce que tu demandes pour celui pour qui tu le demande sans te tuer bien que tu te sacrifie. Daniel a prié comme s'il était là alors qu'il n'avait pas participé à cela mais il prie pour les siens comme si cela le concernait et il ne va même pas participer à ce retour, il mourra à Babylone. Ce sont les autres qui vont en sortir libre. Il faut renoncer à soit pour être disciple de Jésus dans l'intercession car c'est le rôle de Jésus et du Saint Esprit. Esther, non seulement prié, mais elle est allée voir le roi pour intercéder en faveur de son peuple et ce, au prix de sa vie. Si vous n'êtes pas prêt à mourir, vous n'êtes pas encore un intercesseur. Même la Bible dit que nous devons nous sacrifier pour les autres comme le Christ l'a fait pour nous. C'est donc le travail du Christ que nous faisons en devenant intercesseur. ***1Jean 3, 16.*** Tout le monde connait ***Jean 3, 16,*** mais personne n'aime connaître ce texte. Nous acceptons le sacrifice de Jésus et nous refusons de nous sacrifier. Faisons-le et nous serons semblable à Lui.

Le rôle de la sentinelle

L'intercesseur a son rôle de sentinelle qu'il accomplit de façon implicite dans le Corps de Christ et dans son assemblée. A ce niveau, le serviteur intercesseur de Jésus doit se tenir toujours à la brèche pour recueillir les préoccupations du peuple afin de les porter devant Dieu. Il doit aussi en retour être sensible à la Voix du Saint-Esprit pour recevoir des révélations personnelles de la Part du Seigneur pour les communiquer ou non au peuple pour qui il intercède. Les révélations que reçoit l'intercesseur peuvent atteindre trois objectifs : savoir la situation pour laquelle il prie en vue d'une orientation dans la prière, la réponse de Dieu par rapport à celui pour qui il prie pour lui donner des recommandations, ou une juste information pour le guider dans la prière qu'il ne doit pas dire à la personne concernée ni à une autre personne. Voilà pourquoi l'intercesseur doit être quelqu'un de très discret et qui sait garder des secrets. L'intercesseur doit donc être un homme ou une femme qui sait communiquer avec le monde matériel, humain et le monde spirituel. Il doit donc aussi apprendre à écouter Dieu convenablement et être à mesure de de voir et de comprendre ou interpréter ce que Dieu a fait voir.

NB : Jouer le rôle de sentinelle spirituelle à un moment précis, ne fait pas de l'intercesseur forcément un prophète s'il n'a pas reçu ce ministère de la part de Dieu. Mais son travail exige qu'il ait l'œil et l'oreille exercé pour voir et entendre pour bien faire ses taches. Il ne faut surtout pas se rendre important, mais il faut toujours se souvenir que certaines choses s'ouvrent à cause de la fonction que l'on remplit et en conséquence de ce que l'on fait à l'église comme travail.

Par contre, le prophète a forcément un ministère d'intercession qu'il est tenu d'exercer au sein de son Ministère de prophète. Car, lorsque Dieu vous montre un malheur, vous devez être à mesure de savoir si Dieu peut changer d'avis là-dessus et engager des prières pour cela. Même si on ne le sait pas, on peut tout de même se lancer dans les supplications pour pousser Dieu à agir d'une manière ou d'une autre et même de l'arrêter dans le mal qu'Il a résolu de faire. A titre de rappel, être à la brèche, c'est être en éveil spirituellement dans la prière constante avec une vie de consécration, de sanctification et de sacrifice pour recueillir les préoccupations du peuple d'une part afin de les présenter à Dieu, et recevoir d'autres part des messages divins : instructions, avertissements et promesses pour informer le peuple de Dieu pour qui l'on intercède en Jésus-Christ. C'est donc aussi quelqu'un qui est courtois et qui a des rapports sociaux acceptables avec tous pour ne pas l'empêcher de bien remplir sa fonction d'intercesseur. Car les gens doivent avoir la facilité de lui dire leurs problèmes afin qu'il prie ou eux.

La Puissance de l'intercession

Quand les prières d'intercession sont faites sincèrement par la foi dans le Nom de Jésus et avec amour et implication personnelle, elles dégagent une puissance spirituelle incomparable avec effet certain. Les prières d'intercession deviennent un commandement spirituel qui fait entrer en scène une arme spirituelle efficace pour renverser les forteresses diaboliques et arracher les pensées captives pour les ramener à Christ quand elles sont dites là où il faut, quand il le faut et à l'égard de qui il faut. C'est pourquoi il est écrit encore ceci : *« si nous marchons dans la chair, nous ne combattons pas selon la chair. Car les armes avec lesquelles nous combattons ne sont pas charnelles ; mais elles sont puissantes par la vertu de Dieu, pour renverser des forteresses.* ***2Corinthiens 10, 3-5 ; Ephésiens 6, 11-19.*** Nous renversons les raisonnements et toute hauteur qui se lèvent contre la Connaissance de Dieu, et nous amenons toute pensée captive à l'obéissance de Christ ». Ce qui montre qu'il y a un travail important à accomplir pour avoir des bons résultats.

Nous devons savoir quand est-ce qu'il faut prier et quelles sont les promesses que nous avons face à la situation qui se présente. On peut se retrouver dans une situation où la volonté de Dieu est contraire à ce que nous demandons et dans ce cas précis, nous devons être bien armé pour pouvoir discuter avec Dieu et Le pousser dans un sens ou un autre. Il faut toujours e rappeler qu'il est question d'une discussion avec Dieu et c'est pour l'arrêter dans le mal ou le pousser à bien faire envers quelqu'un. C'est toujours une supplication et un procès entre Dieu et le client dont l'intercesseur est l'avocat. Ce n'est pas gagné d'avance, il faut y travailler et présenter des bons arguments pour défendre l'église ou le pasteur ou celui pour qui l'on prie. Mais il existe aussi des situations dans lesquelles c'est perdu d'avance et l'intercesseur doit le savoir pour orienter ses prières et voir comment il pourrait plaider et aborder la question avec Dieu ou arrêter carrément. L'intercession est une collaboration étroite avec Dieu. Vous devez donc vous arranger à être le plus proche possible de Dieu pour pouvoir faire votre travail. La prière faite de manière efficace se résume en trois points ci-dessous :

- Connaître la pensée du Seigneur sur la question : il est important de connaitre la pensée du Seigneur sur ce que vous traitez comme problème. Cela vous évite la perte du temps et vous oriente efficacement. ***1Corinthiens 2, 9-16.*** Nous devons donc chercher et rechercher la pesée du Seigneur pour pouvoir travailler de manière efficace et savoir quelle voie emprunter lors que nous travaillons pour le compte d'une église en vue de savoir quelle prière faire et à quel moment peut-on la faire pour que le ciel nous soit favorable.

- ✓ C'est vrai que nous arrêtons Dieu lorsqu'Il décide d'agir pour faire du mal à son peuple ou à ses enfants. Mais lorsque la situation est différente, comme celle qui se présente avec le prophète Jérémie, il vaut mieux ne pas perdre son temps si on sent que Dieu résiste à l'intercession. Il y a des moments où Dieu vous dit implicitement ou explicitement, soit de manière clair ou flou de ne pas prier pour ce sujet ou pour cette personne-là. Vous devez donc arrêter pour ne pas perdre le temps et prier pour ceux pour qui on peut prier et avoir des résultats. Là, Dieu est décidé de ne pas écouter et il ne changera pas d'avis même si le prophète priait ou si plus grand que lui, c'est-à-dire Moïse et Samuel le faisait. Jean le dira plus tard, il y a des situations qui mènent vraiment à la mort et il n'y a rien à faire. ***Jérémie 7, 16 ; 15, 1 ; 1Jean 5, 16.***

- ✓ David commet un méfait envers son lieutenant fidèle Urie, le héthien en prenant sa femme alors qu'il est à la guerre et coucha avec elle puis fit mourir Urie parce que la femme était devenue grosse. L'Eternel envoya son prophète pour reprocher cela à David et lui dit que l'épée ne s'éloignera plus de sa maison. L'enfant qu'il eut devint malade et mourut. Son nom ne fut point connu. Ensuite, ce sera le tour d'Amnon, d'Absalom puis d'Adonija. Et lorsque vous arrivez dans une telle famille, où es enfants sont en train de mourir, renseignez-vous d'abord pour savoir d'où vient le problème et peut-il être résolu ? sinon vous allez passer du temps à prier et votre prière va sembler inefficace.

Alors que la choses vient de Dieu et qu'Il n'a pas l'intention de revenir sur Sa décision. Il faut toujours faire attention, surtout lorsque la situation semble compliquée et incomprise. ***2Samuel 11-12.***

- Le Christ est mort et ressuscité et il intercède pour nous. C'est le point capital de tout : « il est à la droite de Dieu ». ***Romains 8, 34 ; Hébreu 8, 1s.*** Nous devons savoir que lorsque nous faisons l'intercession, nous participons à l'œuvre du Christ ressuscité et du Saint Esprit qui intercèdent pour nous au près du Père. Ils prient donc pour nous afin que nous tenions bons dans le monde jusqu'à ce que nous puissions aller à la rencontre de Dieu. Et tous nos problèmes trouvent solutions à cause de leurs prières. Mais dans le monde matériel, nous devons faire suivre cette même prière afin de provoquer sa manifestation dans le monde physique. Puisque le Christ intercède donc pour nous, nous pouvons espérer avoir l'exaucement à toutes nos prières puisqu'Il est sur le trône pour veiller à ce que cela se reproduise toujours lorsque nous prions.

- La Bible nous recommande de prier les uns pour les autres. Voilà le travail que nous accomplissons avec l'intercession. Nous prions les uns pour les autres, mais aussi pour tous les saints. Nous ne faisons qu'obéir à la recommandation des grands apôtres Paul et Jacques lorsque nous nous engageons dans le groupe d'intercession et que nous adressons à Dieu des prières en faveur des autres que nous-mêmes. ***Jacques 5, 16 ; Ephésiens 6, 18.***

Connaître ses limites dans la prière est une chose importante car il nous évite d'aller au-delà de ce que nous devons faire pour pouvoir être plus efficace dans le travail. Le temps que nous utilisions pour aller au-dessus de nos capacités peut être employé à résoudre un véritable problème qui relève de nos compétences. Il est donc nécessaire de savoir jusqu'où va mon domaine afin de bien faire ce qui doit être fait. L'intercesseur ne peut pas prier pour que quelqu'un soit ôté de l'enfer pour entrer au paradis. C'est une perte de temps. J'entends aussi des gens dire que nous devons prier pour Israël. C'est n'est pas mauvais, mais c'est une perte de temps. Nous n'avons pas à prier pour Israël, il y a des prophéties qui sont en train de s'accomplir et elles relèvent de la chronologie de Dieu en ce qui concerne le retour de Christ. Cela revient donc à prier pour que Jésus revienne. Ça n'a pas de sens biblique. Faisons le travail qui nous est vraiment donné. Cela dépend de la foi et de la vie que l'on mène ici-bas alors qu'on est vivant.

Domaine de travail de l'intercesseur

L'espace de travail de l'intercesseur est vaste. Même si nous vous en faisons une liste, nous ne vous dirons pas que la liste soit exhaustive. Vous devez retenir que l'intercession consiste à prier Dieu mais en faveur de tout ce que vous voulez, sauf vous-mêmes. Vous ne pouvez donc pas dire que vous faites l'intercession alors que vous priez pour vos propres problèmes et sujets des prières. Vous devez le nommer les prières des demandes et non intercession. Lorsque vous vous engagez dans l'intercession, vous devez vos oublier vous-même jusqu'à ce que Dieu se souvienne de vous Lui-même. Même à la maison, à la montagne, où que vous alliez, toutes les fois où vous vous mettez en prières, cela doit être automatique, ce sont les autres qui vous intéressent. Alors vous serez passionné par l'intercession et vous aurez beaucoup de résultats. Sinon vous serez inefficace. On ne vient pas à l'intercession pour plaider ses propres difficultés mais celles des autres. Lorsqu'on est serviteur, on est là pour servir les autres et non soi-même. Il couvre donc les domaines suivants :

- Le soutient en prière à l'œuvre de Dieu, à l'Eglise et église et de ses serviteurs. ***Ephésiens 6, 18-20.*** Cela constitue le point capital de la prière d'intercession. Prier pour les saints revient à prier pour l'Eglise ou l'église. Car, ce sont eux qui constituent l'Eglise. Jésus a dit que si deux s'assemblent en mon nom, je suis au milieu d'eux. C'est l réunion d'hommes croyant en Jésus et dont l'objectif est le nom de Jésus qui est l'Eglise de Jésus-Christ. ***Matthieu 18, 18-20.*** L'Eglise est donc la raison de la naissance de l'intercession de nos jours, c'est le travail que fait Jésus au trône de Dieu et le Saint Esprit en nous.

- Le soutient aux serviteurs de Dieu en difficulté et à tous les hommes. ***Actes 12, 5.*** Il faut partir du principe que lorsqu'un serviteur de Dieu est votre pasteur ou gardien de vos âmes, lorsqu'il est dans l'exercice de ses fonctions spirituelles, il est toujours en difficulté. Si on ne prie pas pour lui, il tombera dans les pièges du diable ou commettra beaucoup des méfaits. Il faut veiller sur lui en prière afin que Dieu le garde et le fasse réussir. Tous ceux qui sont en difficultés, surtout s'ils sont enfants de Dieu, ils ont droit à l'intercession. Les difficultés liées à leurs services qu'ils rendent au Seigner et au saints, mais aussi celles liées à leurs propres vies quotidiennes et séculières.

- La destruction des œuvres du diable et la restauration du royaume de Dieu. ***Jérémie 1, 8-10 ; 1Jean 3, 8 ; Luc 10, 18s.*** Tel est le travail de l'intercesseur dans le monde spirituel. Certaines maladies et pauvretés sont démoniaques. Il revient à l'intercesseur en tant que serviteur de Dieu, de travailler pour défaire ce que le diable fait tous les jours et apporter la restauration dans les vies de ceux auprès de qui il exerce son ministère.

Les avantages de l'intercesseur

Être intercesseur a aussi ses avantages comme tout service peut en procurer. Dieu est tellement bien structuré que vous ne perdez jamais la force et l'énergie que vous dépensez pour son œuvre. Vous ne pouvez pas penser que vous puissiez faire gratuitement l'œuvre de Dieu. Car Il a Lui-même établi un principe du travail qu'Il ne peut se détourner. L'ouvrier mérite son salaire. ***Luc 10, 5-9 ; 1Timothée 5, 18.*** nous ne servons pas Dieu gratuitement, Il sait payer même s'Il ne le fait pas à la fin de chaque mois, Il le fait quand même soit tous les jours, soit à la fin d'une période qu'Il détermine Lui-même mais qui couvre bien nos besoins et nos attentes. Nous allons seulement prendre quelques-uns de ces avantages que peuvent procurer le travail de l'intercesseur sans prétendre que nous les connaissons tous. Nous ne devons pas surtout oublier que lorsque nous sommes à l'intercession, nous faisons le même travail que Jésus-Christ le fait sur le trône et le Saint-Esprit habitant en nous pour nous relier au justement au trône de Dieu. C'est donc un travail noble, honorable, excellent et Divin que nous faisons et un service meilleur que nous rendons à Dieu en s'engageant à l'intercession ou dans l'intercession. On peut être dans le département ou en faire partie comme obligation de tout chrétien et aussi en tant qu'impératif pour chaque serviteur et servante et ouvrier et ouvrière du Seigneur.

- La visibilité devant Dieu et non devant les hommes. Lorsque les autres servent, ils le font bien sûr pour Dieu mais devant les hommes : le protocole, la chorale… c'est tout le monde qui le voit.

Mais avec l'intercession, c'est différent, c'est un service discret. On n'a pas besoin de savoir que vous êtes intercesseur mais c'est devant Dieu que vous le faites et Dieu vous voit constamment. Alors, Il peut se souvenir de vous à tout moment car Il vous voit toujours devant Lui pour parler des autres, en vous oubliant vous-même, vous Le poussez donc à se préoccuper de vos soucis et problèmes, de votre vie. Toutes les fois où Dieu regarde et parle autour de Lui, vous êtes là présent, Il ne peut que vous utilisiez. ***Esaïe 6, 1-8.*** Comme le Christ et le Saint Esprit, lorsqu'on est dans l'intercession, on est directement devant Dieu.

- Bénéficie d'une croissance spirituelle rapide. Lorsque vous êtes toujours dans la présence de Dieu en train de Lui parler constamment, vous êtes en train de grandir. Et vous verrez que vous aurez un parler en langue plus facile et plus développé que celui des autres car vous vous rapprochez beaucoup de Dieu et le monde spirituel vous est tellement ouvert. Samuel vivait dans la présence de Dieu et Il a grandi autrement, même Jésus. ***1Smuel 2, 21 ; 3, 19 ; Luc 2, 52.*** Lorsque la vie que l'on mène se dépense très souvent devant Dieu et dans sa présence en train de Lui parler, la croissance est différente et les résultats de votre propre vie sont différents.

- Pour ceux qui se préoccupent premièrement du royaume de cieux Dieu a promis que tout leur sera donné par le dessus. L'intercesseur verra donc sa vie être comblé de bénédiction particulière et des faveurs particulier lié à son travail et son statut d'intercesseur. ***Matthieu 6, 33 ; 19, 27-30 ; Marc 10, 28-30.*** Dès que vous vous lancez dans l'intercession et à l'intercession, vous devenez la priorité de Dieu et celui sur qui Il veille particulièrement, Il vous voit à tout moment et fait des projets pour vous et les accomplit sans délai. Dieu se préoccupe de vous et de votre vie. Vos soucis deviennent les Siens.

- En priant pour les autres on devient un canal de bénédiction pour eux et on est soi-même bénit. ***Proverbes 11, 25 ; 1Corinthiens 3, 6-8.*** En faisant l'œuvre de Dieu, vous accomplissez un travail qui bénit plusieurs et la bénédiction coulera aussi sur vous-même. C'est comme le robinet qui fait sortir de l'eau traitée et purifiée alors qu'il bénéficie de cette eau avant que les autres ne puisse l'avoir. Certaines bénédictions ne s'ouvrent que lorsque vous commencez vraiment à prier pour les autres et pour l'église et le pasteur et ses collaborateurs, tous les responsables de l'église.

- Au travers les séances de délivrance, l'intercesseur augmente sa connaissance du monde spirituel et les moyens de trouver des solutions au service qu'il accompli. ***Matthieu 17, 21 ; Marc 9, 29.*** L'exercice augmente le savoir et la pratique augmente l'expertise et l'expérience. Plus vous travaillez, plus vous savez comment se cache, opère et se manifeste les esprits maléfique et l'autorité nécessaire pour les chasser. Vous devez meilleur tous les jours en délivrance et en combat spirituel. Il découvre les stratégies du diable et des esprits à son service, et apprend à mieux le combattre. Il possède une plus grande autorité spirituelle.

- Son travail sera rémunéré car Dieu est fidèle pour s'en souvenir, il est le Dieu de la méritocratie. Tous ceux qui cherchent Dieu Le trouvent puisqu'Il est celui qui rémunère ceux qui Le cherche. ***Hébreux 11, 6 ; 6, 10.*** Lorsque vous servez Dieu de cette manière, Dieu vous donne ce qui vous est dû en valorisant bien le travail que vous faites. Il ne paie pas comme le ferait le gouvernement congolais. Il paie en santé, en finances, en famille, en société, en paix, en sécurité, en prospérité… Il a plusieurs possibilités pour vous faire parvenir votre rémunération.

SUJET PERMANENTS D'INTERCESSION

L'intercession doit savoir pourquoi il prie et quels sont les sujets sur lesquels il doit insister ou s'attarder, les sujets de tous les jours, les sujets circonstanciels. Selon les besoins, nous devons savoir pourquoi faut-il prier. Un intercesseur ne doit jamais poser la question « pourquoi on prie » ou « pour qui doit-on prier » ou encore « quel est le sujet de prière » ? l'intercesseur doit être quelqu'un qui sait pourquoi prier à tout moment, il doit avoir des sujets dans sa tête. Dès qu'on lui dit prions, il a déjà un sujet en tête. Dès qu'il regarde quelqu'un il est déjà inspiré sur quoi il peut prier pour lui. Cela doit devenir automatique, il doit devenir un instrument, une machine, de prière et d'intercession. Cela doit se convertir en passion. Nous proposons ici les sujets pour lesquels chaque intercesseur peut prier et avoir à l'esprit à chaque fois qu'il sent la prière se réveiller en lui. L'intercesseur n'a pas de programme, il sent la prière se réveiller en lui et se met à prier quel que soit le lieu et le temps. L'intercesseur doit avoir beaucoup de sujets et manquer de temps pour les exploiter tous, mais il ne doit pas manquer pourquoi prier en deux heures. Celui -là n'est pas intercesseur, il prie tout simplement et n'est pas habitué à la prière. L'intercesseur doit demeurer dans la prière et devant la face de Dieu et avoir toujours beaucoup à dire.

- Le Pasteur, le collège Pastoral et leurs membres de famille.
- Projets et autres activités de l'église
- RDC, Afrique, Monde particulièrement pour le salut des âmes perdu (la conversion)
- Délivrance des personnes sous l'emprise des puissances de ténèbres et les guérisons des maladies.

- Les différents départements de l'église et extension.

L'intercession : bataillons organisés en sujets de prière

Daniel - lundi

- Projets et autres activités de l'église : ***Actes 2, 38-47 :*** Pierre leur dit : Repentez-vous, et que chacun de vous soit baptisé au nom de Jésus-Christ, pour le pardon de vos péchés ; et vous recevrez le don du Saint-Esprit. Car la promesse est pour vous, pour vos enfants, et pour tous ceux qui sont au loin, en aussi grand nombre que le Seigneur notre Dieu les appellera. Et, par plusieurs autres paroles, il les conjurait et les exhortait, disant : Sauvez-vous de cette génération perverse. Ceux qui acceptèrent sa parole furent baptisés ; et, en ce jour-là, le nombre des disciples s'augmenta d'environ trois mille âmes. Ils persévéraient dans l'enseignement des apôtres, dans la communion fraternelle, dans la fraction du pain, et dans les prières. La crainte s'emparait de chacun, et il se faisait beaucoup de prodiges et de miracles par les apôtres. Tous ceux qui croyaient étaient dans le même lieu, et ils avaient tout en commun. Ils vendaient leurs propriétés et leurs biens, et ils en partageaient le produit entre tous, selon les besoins de chacun. Ils étaient chaque jour tous ensemble assidus au temple, ils rompaient le pain dans les maisons, et prenaient leur nourriture avec joie et simplicité de cœur, louant Dieu, et trouvant grâce auprès de tout le peuple. Et le Seigneur ajoutait chaque jour à l'Eglise ceux qui étaient sauvés.
  - L'évangélisation et la croissance, l'étendage, la multiplication des gens et d'églises dans la communauté. ***Genèse 9, 7 :*** Et vous, soyez féconds et multipliez, répandez-vous sur la terre

et multipliez sur elle. ***Jérémie 29, 6 :*** Prenez des femmes, et engendrez des fils et des filles ; prenez des femmes pour vos fils, et donnez des maris à vos filles, afin qu'elles enfantent des fils et des filles ; multipliez là où vous êtes, et ne diminuez pas.

- Que Dieu suscite des partenaires financiers.
- Que Dieu ajoute les gens dans la communauté.
- Que Dieu suscite des serviteurs et des ministres.
- Que Dieu donne l'argent pour les achats parcelles et les constructions.
- Que Dieu donne l'argent pour les matériels de la communauté : instruments, véhicules, organisation et administration, la logistique.
- Que Dieu touche des cœurs des gens afin qu'ils soient libéraux et donnent de l'argent pour les besoins de l'a communauté.
- Que Dieu nous donne Kinshasa, la RD Congo, l'Afrique et le Monde particulièrement pour le salut des âmes perdues (la conversion).
- Que Dieu mette l'amour de la parole et de la formation des disciples dans les chefs des membres de la communauté.

Esther - mardi

- Le culte :
  - Que Dieu attire les foules : ***Jean 6, 44 :*** Nul ne peut venir à moi, si le Père qui m'a envoyé ne l'attire ; et je le ressusciterai au dernier jour. ***Marc 2, 1s :*** Quelques jours après, Jésus revint à Capernaüm. On apprit qu'il était à la maison, et il s'assembla un si grand nombre de personnes que l'espace devant la porte ne pouvait plus les contenir. Il leur annonçait la parole.

- Que Dieu déploie sa gloire et sa puissance : ***Nombres 35, 34 :*** Vous ne souillerez point le pays où vous allez demeurer, et au milieu duquel j'habiterai ; car je suis l'Eternel, qui habite au milieu des enfants d'Israël. ***Matthieu 18, 20 :*** Car là où deux ou trois sont assemblés en mon nom, je suis au milieu d'eux.
- Que la parole soit puissante et touche les cœurs et change et transforme des vies : ***2Thessalonic 3,*** 1_s ***:*** Au reste, frères, priez pour nous, afin que la parole du Seigneur se répande et soit glorifiée comme elle l'est chez-vous, et afin que nous soyons délivrés des hommes méchants et pervers ; car tous n'ont pas la foi.
- Que Dieu libère la puissance de la guérison et l'autorité de la parole. Que les gens soient guéris pendant que la parole est annoncée. ***Luc 5, 17 :*** Un jour Jésus enseignait. Des pharisiens et des docteurs de la loi étaient là assis, venus de tous les villages de la Galilée, de la Judée et de Jérusalem ; et la puissance du Seigneur se manifestait par des guérisons. ***Matthieu 10,*** 7_s ***:*** Allez, prêchez, et dites : Le royaume des cieux est proche. Guérissez les malades, ressuscitez les morts, purifiez les lépreux, chassez les démons. Vous avez reçu gratuitement, donnez gratuitement.
- Que Die déverse l'onction sur la chorale, le protocole et tous ceux qui vont travailler au culte afin que tout se passe sous la conduite de l'Esprit Saint. ***Zacharie 4, 6 :*** Alors il reprit et me dit : C'est ici la parole que l'Eternel adresse à Zorobabel : Ce n'est ni par la puissance ni par la force, mais c'est par mon esprit, dit l'Eternel des armées.

Elie - jeudi

- Les miracles, les signes et les prodiges, la famille et la vie professionnelle : ***Marc 16, 17-20 :*** Voici les signes qui accompagneront ceux qui auront cru : en mon nom, ils pourront chasser des démons, parler de nouvelles langues, attraper des serpents, et s'ils boivent un breuvage mortel, celui-ci ne leur fera aucun mal ; ils poseront les mains sur les malades et ceux-ci seront guéris. » Après leur avoir parlé, le Seigneur fut enlevé au ciel, et il s'assit à la droite de Dieu. Quant à eux, ils s'en allèrent prêcher partout. Le Seigneur travaillait avec eux et confirmait la parole par les signes qui l'accompagnaient.
    - Délivrance des personnes sous l'emprise des puissances de ténèbres. ***Psaumes 68, 20 (21) :*** Dieu est pour nous le Dieu des délivrances, Et l'Eternel, le Seigneur, peut nous garantir de la mort. ***Nombres 23, 23 :*** L'enchantement ne peut rien contre Jacob, Ni la divination contre Israël ; Au temps marqué, il sera dit à Jacob et à Israël : Quelle est l'œuvre de Dieu.
    - Les guérisons des maladies.
    - Les stériles enfantent
    - Les chômeurs trouvent du travail.
    - Les affaires soient financées et prospèrent.
    - Les célibataires se marient.
    - Les gens reçoivent ce qui leur manque : intelligence, sagesse, la paix, le bonheur, la joie…
    - Les sourds entendent.
    - Les aveugles voient.

- Les boiteux se redressent, les paralytiques se lèvent et marchent.
- Les paralysés se lèvent et marchent.
- Diverses maladies guérissent : le concert sous toutes ses formes, toutes sortes de tumeurs, le diabète, les maladies cardiovasculaires, toutes formes de paralysie cérébrales et musculaires, AVC et autres.
- Les muets parlent.
- Les cœurs brisés.
- Les morts ressuscitent.
- La prospérité dans les projets.
- Le commerce marche et prospère.
- Les gens soient promus au travail, qu'ils reçoivent les contrats CDI.
- Qu'il y ait des promotions, des missions, des augmentations, des primes, que nos fidèles se distinguent et soient bien positionnés …
- Que les distractions et toute forme d'attaque du diable soit nul et sans effet. ***Esaïe 54, 17 :*** Toute arme forgée contre toi sera sans effet ; Et toute langue qui s'élèvera en justice contre toi, Tu la condamneras. Tel est l'héritage des serviteurs de l'Eternel, Tel est le salut qui leur viendra de moi, Dit l'Eternel.

Epaphras - samedi

- Les différents départements de l'église et les extensions : ***Ephésiens 6, 18-20 :*** Faites en tout temps par l'Esprit toutes sortes de prières et de supplications. Veillez à cela avec une entière persévérance, et priez pour tous les saints. Priez pour moi, afin qu'il me soit donné, quand j'ouvre la bouche, de faire connaître hardiment et librement le mystère de l'Evangile, pour lequel je suis ambassadeur dans les chaînes, et que j'en parle avec assurance comme je dois en parler. ***Actes 16, 5 :*** Les Eglises se fortifiaient dans la foi, et augmentaient en nombre de jour en jour. ***2Thessalonic 3, 1s :*** Au reste, frères, priez pour nous, afin que la parole du Seigneur se répande et soit glorifiée comme elle l'est chez-vous, et afin que nous soyons délivrés des hommes méchants et pervers ; car tous n'ont pas la foi.

- Que Dieu donne la stabilité dans tous les départements.
- Dieu bénisse les églises de la Communauté, que la parole soit prêchée de la même manière, dans l'autorité et la puissance des miracles.
- Que la croissance soit d'actualité et que les églises soient organisées en départements.
- Que l'argent ne manque pas afin que des nouvelles églises soient créés chaque année et chaque mois.
- Que Dieu suscite des serviteurs et des ministres pour des nouvelles églises de la communauté et les départements.
- Qu'il y ait des gens engagés et fidèles dans les départements et les églises.
- Que Dieu suscite et soutienne les membres des départements.
- Que Dieu garde les ouvriers afin qu'ils ne faiblissent pas et ne tombent pas dans les pièges du diable.
- Que Dieu garde les ouvriers, qu'ils ne plongent point dans l'oubli et la négligence.

- Que Dieu garde les ministres, qu'il fasse la différence et qu'ils ne tombent pas dans le péché comme les autres de nos jours.
- Que Die les garde, qu'il n'y ait point de divorce dans les familles des ministre et ouvrier et serviteurs de la communauté.
- Que les enfants de ceux de la communauté soient distingués et attachés à Dieu et à Sa parole. Qu'ils aient la crainte de Dieu et que le malin ne les touche point.
- Que Dieu prévient les ministres, les serviteurs et responsables divers d'être touché par la sorcellerie ou l'envoutement, que la magie et la divination ne leur atteignent point. Que tout ce que fait le diable et les méchants contre eux ne les touche pas. Que Dieu les garde et les protège.
- La magie, l'occultisme, les fétiches, l'envoutement et la divination n'ai aucun effet sur ceux : ministres, serviteurs et responsables divers de la CEPV.

Othniel - vendredi la nuit

C'est un bataillon de prière composé de responsables et des pasteurs qui font office l'intercession de l'intercession et qui traite des sujets sensibles.

- Le Pasteur, le collège Pastoral et leurs membres de famille, les intercesseurs : ***2Thessalonic 3, 1s :*** Au reste, frères, priez pour nous, afin que la parole du Seigneur se répande et soit glorifiée comme elle l'est chez-vous, et afin que nous soyons délivrés des hommes méchants et pervers ; car tous n'ont pas la foi. ***Jacques 5, 16 :*** Confessez donc vos péchés les uns aux autres, et priez les uns pour les autres, afin que vous soyez guéris. La prière fervente du juste a une grande efficace. ***Ephésiens 6, 18-20 :*** Faites en tout temps par l'Esprit toutes sortes de prières et de supplications. Veillez à cela avec une entière persévérance, et priez pour tous les saints. Priez pour moi, afin qu'il me soit donné, quand j'ouvre la bouche, de faire connaître hardiment et librement le mystère de l'Evangile, pour lequel je suis ambassadeur dans les chaînes, et que j'en parle avec assurance comme je dois en parler.

- Que Dieu garde le pasteur et sa famille et leur donne la force et la santé afin que la communauté soit bien nourrie.
- Que Dieu parle souvent et clairement au pasteur afin qu'il ait d'orientation claire et net pour la communauté et fasse ce que Dieu attend de lui.
- Que Dieu bénisse le pasteur et qu'il ne manque de rien et s famille soit en paix afin que l'Eglise vive la bénédiction.
- Que Dieu protège le pasteur et le garde loin des ruse du diable et des pièges des sorciers et des gens occultes.
- Que la vision se renouvelle dans le chef du pasteur afin qu'il n'oublie pas son rôle et ce que Dieu attend réellement de lui.
- Que Dieu garde et bénisse les intercesseurs. Qu'ils ne manquent de rien et soient en bonne santé fin qu'ils aient la force de prier et de soutenir l'Eglise dans ses activités spirituelles.
- Que les intercesseurs soient doublement bénits et que les célibataires se marient, les chômeurs trouvent du travail et les affairés soient prospères. Que Dieu récompense tout ce qu'ils font comme travail.

- Que Dieu garde le pasteur, qu'il ne tombe point dans le péché, dans l'orgueil, dans la convoitise, dans le vol, qu'il reste attaché à la parole et à la crainte de Dieu et qu'il soit l'instrument de Dieu jusqu'à la fin de sa vie.
- Que Dieu utilise le pasteur afin que des vies et des familles soient bénits par son ministère et que plusieurs, chacun selon son problème trouve solution.
- Que Dieu parle au pasteur comme il le faisait avec Moïse afin qu'il nous enseigne la parole inspirée par Dieu. ***Lévitique 1, 1s :*** L'Eternel appela Moïse ; de la tente d'assignation, il lui parla et dit : Parle aux enfants d'Israël, et dis-leur : Lorsque quelqu'un d'entre vous fera une offrande à l'Eternel, il offrira du bétail, du gros ou du menu bétail.
- Il faut tenir compte des besoins des intercesseurs et prier pour eux, selon que tel ou tel a un problème qui le dérange.
- Et il faudra être sensible pour savoir les problèmes du pasteur et de l'Eglise pour prier et prier aussi sur tout ce qui se dit et se dira sur le pasteur afin qu'il reste concentré sur sa mission et son ministère.

Intercession avant culte

- Préparation du culte : ***Exode 19, 17 :*** Moïse fit sortir le peuple du camp, à la rencontre de Dieu ; et ils se placèrent au bas de la montagne. ***Amos 4, 12 :*** C'est pourquoi je te traiterai de la même manière, Israël ; Et puisque je te traiterai de la même manière, Prépare-toi à la rencontre de ton Dieu, O (Israël) CEPV !
  - Que Dieu fasse venir beaucoup de gens au culte, qu'il attire des foules, qu'il appelle tous ceux de la CEPV.

- Que la gloire de l'Eternel descende à ce culte et que Dieu puisse nous parler par son serviteur et nous visiter. ***Exode 19, 20 :*** Ainsi l'Eternel descendit sur la montagne de Sinaï, sur le sommet de la montagne ; l'Eternel appela Moïse sur le sommet de la montagne. Et Moïse monta.
- Que la gloire soit présente à ce culte et la puissance de Dieu soit à l'œuvre. ***Exode 24, 16 :*** La gloire de l'Eternel reposa sur la montagne de Sinaï, et la nuée la couvrit pendant six jours. Le septième jour, l'Eternel appela Moïse du milieu de la nuée.
- Que la parole soit puissante et qu'elle touche des cœurs et apporte la guérison de l'âme et de tout type de problème présente de la vie de celui et celle qui écoute cette parole de Dieu dans ce culte.
- Que la parole prêchée déploie la puissance de la guérison et des miracles. Que les vies des gens trouvent solutions à leurs problèmes. ***Luc 5, 17 :*** Un jour Jésus enseignait. Des pharisiens et des docteurs de la loi étaient là assis, venus de tous les villages de la Galilée, de la Judée et de Jérusalem ; et la puissance du Seigneur se manifestait par des guérisons.
- Nous allons nous lever contre la présence du diable et tout ce qu'il vient faire dans l'assemblée des enfants de Dieu : les accusations, les distractions, les perturbations, les empêchements à écouter la parole, à recevoir son miracle, les empêchements à la bénédiction, les incrédulité... ***Job1, 6 :*** Or, les fils de Dieu vinrent un jour se présenter devant l'Eternel, et Satan vint aussi au milieu d'eux. ***Apocalypse 12, 10 :*** Et j'entendis dans le ciel une voix forte qui disait :

Maintenant le salut est arrivé, et la puissance, et le règne de notre Dieu, et l'autorité de son Christ ; car il a été précipité, l'accusateur de nos frères, celui qui les accusait devant notre Dieu jour et nuit.

- Pendant la louange et l'adoration, que la puissance de Dieu se manifeste et que l'autorité de Dieu agisse et parle, convainc et touche son peuple. Que Dieu fasse tomber nos ennemis les sorcier, les magiciens, les occultistes… entre nos mains et les châtie. Que Dieu agisse en ce culte afin que tous sachent que Dieu est au milieu de nous. ***Josué 4, 24 :*** Ainsi, tous les peuples de la terre sauront que la main de l'Eternel est puissante et vous craindrez toujours l'Eternel, votre Dieu. » ***2Rois 3, 15-17 :*** Maintenant, amenez-moi un joueur de harpe. Et comme le joueur de harpe jouait, la main de l'Eternel fut sur Elisée. Et il dit : Ainsi parle l'Eternel : Faites dans cette vallée des fosses, des fosses ! Car ainsi parle l'Eternel : Vous n'apercevrez point de vent et vous ne verrez point de pluie, et cette vallée se remplira d'eau, et vous boirez, vous, vos troupeaux et votre bétail.

On peut ajouter des textes de la Bible et des sujets qui se présente de manière ponctuelle ou brusque, un problème qui se pose, un comportement qui apparait, un besoin qui se manifeste, tout ce qui n'est pas cité ici devra être pris en compte afin que rien ne se passe au hasard. En une séance, on peut seulement prendre une partie de ces sujets ou même un aspect. On peut aussi ajouter des sujets nécessaires à l'avancement de la Communauté Evangélique Parole de Vie que nous avons omis de mettre ici.

CONCLUSION

Tout chrétien est d'abord un intercesseur potentiel et implicite. Tout chrétien est aussi évangéliste implicite et partenaire ou celui qui soutient l'œuvre de Dieu par ses moyens, ses avoir financiers et matériel. Mais aussi biopsychologique. La personne doit participer à l'œuvre en chair et en os, et doit y mettre tout ce qu'il possède. C'est ainsi qu'on devient enfant de Dieu dans la maison et participe à faire avancer le royaume de Dieu. Nul ne peut s'en soustraire car toute vie chrétienne s'entretient et s'affirme foncièrement dans l'intercession et la prière. Le plus grand commandement que Dieu nous a donné est l'AMOUR. Nous devons en effet nous aimer les uns les autres comme Jésus-Christ nous aime toujours. Nous pourrons apprendre à nous oublier dans nos prières pour en fait prier pour les autres, ainsi nous charger des fardeaux des personnes qui ne sont pas nous-mêmes. Nous devons nous armer pour pouvoir le faire avec détermination et persévérance. Lorsqu'on commence à prier, on ne peut s'arrêter que lorsqu'on voit la réponse matérielle. Lorsque Dieu promet, ce n'est pas encore la réponse que l'on veut et on continue la prière.

Pour se faire, l'intercesseur s'oublie, s'humilie, cherche continuellement la présence de Dieu dans la sanctification et la foi. Dieu est sensible à la prière d'un intercesseur. Il est la personne qui doit Lui être la plus proche possible, étant donné qu'il doit toujours être en prière devant Lui. Il est écrit : *" Si mon peuple sur qui est invoqué mon nom s'humilie, prie, et cherche ma face, et s'il se détourne de ses mauvaises voies, je l'exaucerai des cieux, je lui pardonnerai son péché, et je guérirai son pays. "* ***2Chroniques 7, 14.*** La prière est le secret de l'intercesseur par laquelle l'intercesseur se rapproche du trône de Dieu, implore sa miséricorde, sa faveur, sa grâce, sa bonté, son amour et son pardon pour le pays, les serviteurs de Dieu, l'Eglise, les malades, les prisonniers, les veufs et veuves, les orphelins, les familles… Dieu écoute nos prières si elles sont justes et bonnes afin que sa gloire éclate. Voulez-vous devenir un canal de bénédiction pour les autres ? Devenez intercesseur et partagez les fardeaux des autres pour l'amour de Dieu. Sacrifiez votre vie et vous en gagnerai une bien meilleure que vous donnera le Saint des saints.

Le pasteur
Alexandre AIDINI Ilunga

Table des matières

Printed by Books on Demand GmbH, Norderstedt / Germany